दुख नए कपड़े बदल कर

शक्ल बदली और अन्दर आ गया
दुख नए कपड़े बदल कर आ गया

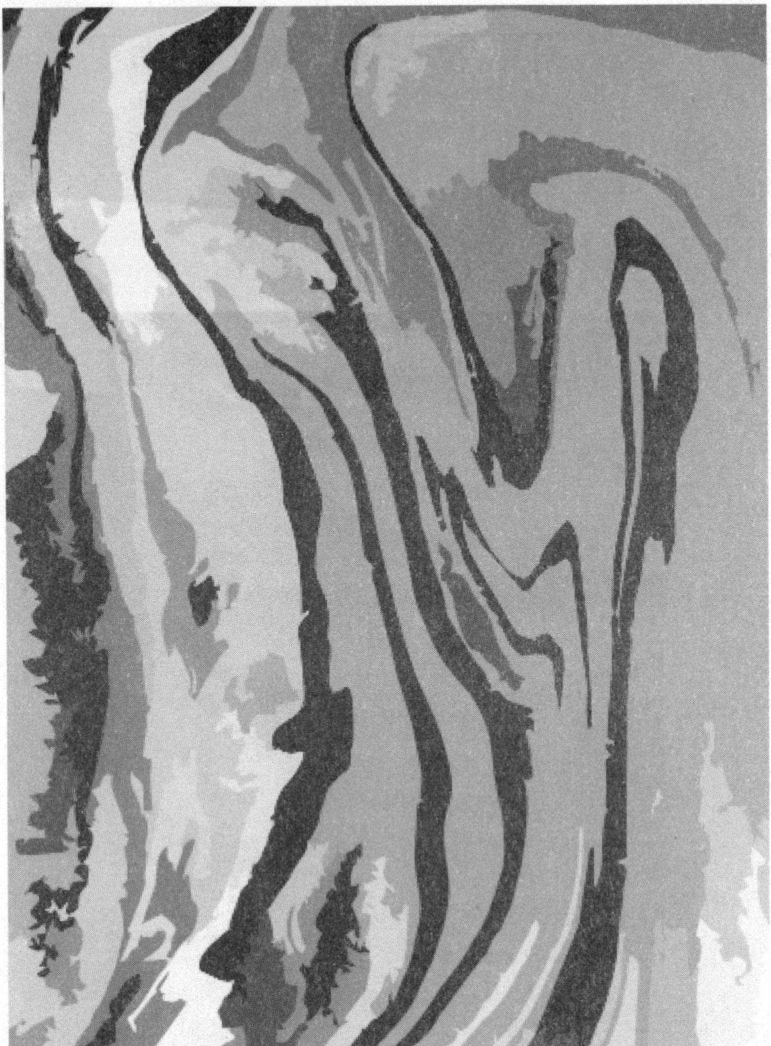

दुख नए कपड़े बदल कर

शारिक़ कैफ़ी

BOOKS
राजकमल प्रकाशन

BOOKS राजकमल प्रकाशन
रेख़्ता बुक्स और राजकमल प्रकाशन प्रा.लि. का सह-प्रकाशन

रेख़्ता बुक्स
बी-37, सेक्टर - 1, नोएडा
उत्तर प्रदेश - 201301

contact@rekhta.org
www.rekhta.org
www.rajkamalprakashan.com

दुख नए कपड़े बदल कर

शारिक़ कैफ़ी

ISBN : 978-81-939681-8-5

प्रथम संस्करण : 2019

फ़ॉन्ट : योगेश यूनि

मुद्रक : यश प्रिन्टोग्राफ़िक्स, नोएडा

आवरण एवं पुस्तक सज्जा
कपिल भारद्वाज, रेख़्ता

सहयोग राशि : ₹199

सुहैल आज़ाद के नाम

एक और नया क़दम

'रेख़्ता फ़ाउन्डेशन' का बुनियादी काम, उर्दू शाइ'री के शब्द और अर्थ की ख़ूबसूरती, रंग-रस, संगीत, स्पर्श और ज़ाइक़े को ज़ियादा से ज़ियादा लोगों तक पहुँचाना और उन्हें इसके सम्पर्क में लाना है। इसीलिए 'रेख़्ता' वेबसाइट पर, उर्दू शाइ'री को दुरुस्त पाठ और मे'यारी चयन के साथ देवनागरी और रोमन लिपियों में भी पेश किया गया, ताकि उर्दू लिपि न जानने वाले उर्दू दोस्त भी अपनी महबूब शाइ'री के रचना-संसार में दाख़िल हो सकें।

यही मक़्सद 'रेख़्ता बुक्स' की स्थापना का भी प्रेरणा-स्रोत रहा है, जो बुनियादी तौर पर उर्दू शाइ'री और उसके प्रेमियों के दर्मियान किताब का पुल बनाने का प्रकाशन-प्रॉजेक्ट है। आगे चलकर इसका दायरा बढ़ाते हुए, दीगर विधाओं, ख़ास तौर पर कथा साहित्य, आत्म-कथाओं, यात्रा-वृत्तांतों वग़ैरह को भी इस प्रॉजेक्ट का हिस्सा बनाया जाएगा।

'ग़ज़ल उसने छेड़ी' शीर्षक के तहत, अब तक की अहम उर्दू शाइ'री का एक विस्तृत संकलन देवनागरी लिपि में प्रस्तुत करने के बा'द, 'रेख़्ता हर्फ़-ए-ताज़ा सीरीज़' की सूरत में एक और पेशक़दमी की गई जो उर्दू शाइ'री की मौजूदा नई रचनात्मक संभावनाओं को रूनुमाई का मौक़ा' देने पर केंद्रित है। इस सिलसिले को कुछ और फैलाते हुए, अब कल और आज के स्थापित, महत्वपूर्ण और प्रतिनिधि शाइ'रों का कलाम इन्तिख़ाब की शक्ल में पेश करने का एक नया सिलसिला हाज़िर है जिसका आग़ाज़ अलग अलग अन्दाज़-ओ-अदा वाले समसामयिक शाइ'रों से किया जा रहा है। जल्द ही इस सिलसिले

के तहत, बहुत से ख़ुश-गो और ख़ुश-फ़िक्र शाइ'रों का कलाम पेश-ए-ख़िदमत किया जाएगा। उम्मीद है कि उर्दू शाइ'री के बा-ज़ौक़ पाठकों में हमारी ये पेशकश भी मक़्बूल होगी।

संजीव सराफ़

संस्थापक, रेख़्ता फ़ाउन्डेशन

और फिर बयाँ अपना

शाइ'री मेरे लिए अपनी ज़ात (स्वयं) और कायनात (संसार) से टकराने और इसके नतीजे में पैदा होने वाली आहटों को सुनने, महसूस करने और फिर काग़ज़ पर उतार देने का नाम है। यूँ शाइ'री मेरे लिए अपने वजूद को नए सिरे से पाना ही नहीं बल्कि दुनिया, इन्सानों और अश्या (चीज़ें) की भी एक नई दरयाफ़्त (खोज) या बाज़याफ़्त (दोबारा पाना) है। मैं किसी ग़ैर-मा'मूली (असाधारण) वाक़िए' (तथ्य) या कैफ़ियत (भाव) के इज़्हार को शाइ'री नहीं समझता बल्कि आ'म, रोज़मर्रा की मानूस (परिचित) दुनिया के अन्दर जो ग़ैर-मा'मूली-पन पाया जाता है, उसे लफ़्ज़ देने का दूसरा नाम समझता हूँ।

मैं उसी वक़्त शाइ'री कर सकता हूँ जब दुनिया की भीड़ मेरे साथ चल रही हो और मैं ख़ुद भी उस भीड़ का हिस्सा हूँ। मैं शाइ'र के किसी ऊँचे मिंबर (ऊँचा आसन) का भी क़ाइल नहीं। बरख़िलाफ़ इसके, मेरा ख़याल है कि दुनिया को बिगाड़ने और उसे ख़ुद-ग़रज़ी (स्वार्थ) से आलूदा (दूषित) करने में मेरा भी उतना ही हाथ है, जितना किसी और का। मेरी शाइ'री पहले ख़ुद अपने आप पर एक तन्ज़िया (व्यंगात्मक) ता'ना है, जिस के बा'द ये सिलसिला दराज़ हो कर दूसरे इन्सानों तक पहुँचता है। यही वज्ह (कारण) है कि शाइ'री के आइने में 'मोहब्बत' भी मेरे लिए उतना ही बड़ा कार्टून है जितना नफ़्सा-नफ़्सी (स्वार्थलिप्ता) और ख़ुद-ग़रज़ी से पुते हुए इन्सानों के चेहरे हैं। ये सब दरअस्ल इन्सान के होने की मज्बूरियाँ हैं, उसके ज़िन्दा होने की बेचारगी इन्सान की ख़ुद-ग़रज़ियाँ, धोके, फ़रेब सब की जड़ें उनके ज़िन्दा होने के अस्रार (रहस्यों) में पैवस्त (छुपा, मिला होना) हैं, और इस मुक़ाम पर मेरी शाइ'री किसी भी क़िस्म की अख़्लाक़ी (नैतिक), मज़्हबी, या रुहानी दबाव से

यक्सर (पूरी तरह) आज़ाद हो जाती है। मैं बतौर शाइ'र दुनिया या दूसरे इन्सानों को इतना ही नुक़्सान पहुँचा सकता हूँ या ईज़ा (यातना) देने का इतना ही सबब (कारण) बन सकता हूँ जितना दुनिया मुझे नुक़्सान या ईजा पहुँचा सकती है। यही मेरी शे'री जमालियात (काव्यात्मक सौं-दर्यबोध) है कि बक़ौल सार्त्र हर 'दूसरा जहन्नुम है।'

शारिक़ कैफ़ी

खिड़की तो मैंने खोल ही ली

शारिक़ कैफ़ी का पहला कविता-संग्रह, 'आ'म सा रद्द-ए-अ'मल', 1989 में आया था। ये किताब एक ऐसे समय-बिंदु पर आई थी, जब उर्दू ग़ज़ल को अनुभव और अभिव्यक्ति की युगांतरकारी ऊर्जा देने वाले ग़ज़लगो, 'फ़िराक़' गोरखपूरी अपना काम पूरा करके जा चुके थे, प्रगतिशील आंदोलन से प्रेरित शाइ'रों में, बहुत से, आधे ग़ज़ल आधे नज़्म, के शाइ'र नहीं रहे थे और पूरे ग़ज़लगो, मज्रूह सुल्तानपूरी, उ'म्र के आख़िरी पड़ाव पर थे, और आधुनिकता के ख़ेमे वाले शाइ'रों में मनचंदा 'बानी' जैसे ख़ालिस ग़ज़ल-शाइ'र हमें दुखी छोड़ गए थे और मोहम्मद अ'लवी, शहरयार और आ'दिल मन्सूरी वग़ैरा जिस्मानी तौर पर अधेड़ हो चुके थे। ज़ाहिर है कुछ कुर्सियाँ ख़ाली हो गई थीं और ख़ाली हो रही थीं, और वक़्त की तरफ़ से इन्हें भरे जाने के लिए नोटिस जारी कर दिए गए थे।

शारिक़ की पहली ही ग़ज़ल-किताब के ये शे'र:

रात थी जब तुम्हारा शहर आया
फिर भी खिड़की तो मैंने खोल ही ली

वो बात सोच के मैं जिस को मुद्दतों जीता
बिछड़ते वक़्त बताने की क्या ज़रूरत थी

बद-हवासी को कम तो होने दो
एक इक करके सब बताता हूँ

इ'श्क़ पहली मिरी बुराई थी
जो कि सब की नज़र में आई थी

बहुत सन्जीदगी दरकार है
हँसी भी छुट सकती है मिरी

फिर मुझे दुनिया में शामिल कर गया
ख़ुद से मेरा वास्ता कुछ देर का

रास्ते भर ऊब में डूबे रहे
जब सफ़र में दिल लगा घर आ गया

हाल ही पूछता तो ये भी मुझे
दूसरे घर में झाँकना सा लगा

इस बात का ए'लान थे कि वक़्त के नोटिस का जवाब दे दिया गया है, और ग़ज़ल की महफ़िल में एक कुर्सी अपने नाम कर ली गई है। इस किताब ने ये ए'लान भी किया कि इसके शाइ'र ने वक़्त की दीवार में अपनी, एक शाइ'री भर की खिड़की खोल ली है, जिसे धीरे-धीरे दरवाज़ा बनाना है।

इसके बा'द, शारिक़ की अब तक की काव्य-साधना इस बात का खुला सुबूत है कि ये दरवाज़ा बन चुका है, और ये दरवाज़ा शाइ'री के एक ऐसे घर का है जिसके बाहर शारिक़ कैफ़ी की नाम-तख़्ती लगी हुई है।

शारिक़ कैफ़ी की शाइ'री में, आदमी का इस दुनिया में होना, अपने जिस्म-ओ-जान, चेतना, जज़्बों और महसूस करने की तमामतर ताक़त के साथ, एक घर, एक ख़ानदान, एक मुहल्ले, उसके गली-कूचों और एक समाजिक और साँस्कृतिक माहौल में होना, और दिल-ओ-दिमाग़ के छोटे छोटे वाक़िआ'त से बनते बिगड़ते वाक़िआ'त

में, और उनके माध्यम से, होना है। ये वाक़िआ'ती तख़य्युल (घटना आधारित कल्पना) शारिक़ कैफ़ी की बहुत बड़ी ताक़त और पहचान है, और इसमें उनका कोई सानी नहीं। इसकी बदौलत उर्दू की इ'श्क़िया बिल्कुल नई, अनोखी ज़हनी, जज़्बाती और नफ़्सियाती (मनोवैज्ञानिक) बारीकियों से परिचित हुई है, जो उर्दू शाइ'री को उनकी बहुत ख़ास अ'ता है।

शारिक़ का सफ़र अब जिस मर्हले में है वहाँ तक बेरहम हक़ीक़त-पसन्दी (यथार्थ-बोध) की लय तेज़तर होती जा रही है। ये भाव उनकी इ'श्क़िया शाइ'री में भी जारी है, और ज़िन्दगी और दुनिया के उनके अनुभवों में भी। उनकी इ'श्क़िया शाइ'री में इस यथार्थ-बोध को 'बेवफ़ा यार एक ने'मत है' जैसे मिस्रे' से स्वर मिले हैं जिसकी गूँज इन शे'रों में भी सुनी जा सकती है :

सफ़र हालाँकि तेरे साथ अच्छा चल-रहा है
बराबर से मगर इक और रस्ता चल रहा है

अब बहुत मुश्किल है पीछा छूटना मुझसे तिरा
बेवफ़ा होना भी तेरे काम आ सकता नहीं

रोना हो आसान हमारा
इतना कर नुक़्सान हमारा

दिल में कुछ हो तो मुस्कुराइएगा
बे-सबब काम मत बढ़ाइएगा

हमको मिल जाएँ आप जैसे हज़ार
इतनी दुनिया भी मत दिखाइएगा

इ'श्क़ को जितना भी समझा हमने
बेवफ़ाई में ही समझा हमने

कोई बदल मिलने तक मेरा
मुझ से काम चला सकते हो

इस निर्दयतापूर्ण यथार्थ-बोध की अभिव्यक्ति शारिक़ के हाँ अब मौत और उसके आस-पास बुने जाने वाले माहौल के माध्यम से बड़ी गहराई के साथ हो रही है।

वह्म नहीं ये जिस से अपना ध्यान हटा लो
पक्की सच्ची मौत है ये बीमारी वाली

आज नहीं पाबन्दी कोई
मौत का घर है आ सकते हो

बे-मत्लब की भीड़ लगाने वालों से
जाने वाला और अकेला होता है

कहा था बे-सबब देखोगे अपनों के जनाज़े
जिए जाने की ज़िद करना समझदारी नहीं है

बराबर जिस्म को धमका रही है
हमारी मौत कह कर आ रही है

ज़िन्दगी, दुनिया और कायनात के बारे में शारिक़ कैफ़ी के तज्रबात में अब बहुत फैलाव और व्यापकता आ गई है। यहाँ हर चीज़, हर शक्ल और हरकत को, हर ख़याल और धारणा का उलट-पलट और

इधर-उधर करके देखा जा रहा है। सामाजिक और राजनैनिक स्थितियाँ भी बहुत अन्दर अन्दर से इसी गति को प्राप्त हो रही हैं।

क़तार इस लिए भी टूटती नहीं
ख़ुदा ही इक दुकानदार है यहाँ

मोहल्ले भर की ख़ामोशी का मत्लब
मिरी आवाज़ बाहर जा रही है

जिस तरह वो बोलता ही जा रहा है
यूँ तो चुप होने से पहले बोलते हैं

मिरे रोने पे मुझ को टोकिए मत
कमाई है तो ख़र्चा कर रहा हूँ

उदासी कर रही है अपना आ'दी
अभी शर्तें नहीं मनवा रही है

ये जोखिम ही नए कुछ रंग भर सकता है शब में
मिरा इस वक़्त दुश्मन के ठिकानों से गुज़रना

अब तक की सारी बातें, जो हल्के हल्के इशारों से ज़ियादा नहीं हैं, शारिक़ की ग़ज़ल के हवाले से की गई हैं। उनकी नज़्में, जो कुछ साल पहले अचानक उनके अनुभव की ज़मीन से एक ज्वालामुखी की तरह फूटी थीं, एक अलग रचना-संसार पेश करती हैं, एक ऐसा रचना-संसार जो अब तक उर्दू शाइ'री, और हिंदी या और ज़बानों की शाइ'री में भी, नज़र नहीं आता।

फ़रहत एहसास

फ़ेह्‌रिस्त

ग़ज़लें

ग़ज़लें

रोना-धोना सिर्फ़ दिखावा होता है
कौन मिरे जाने से तन्हा होता है

उसकी टीस नहीं जाती है सारी उ'म्र
पहला धोका पहला धोका होता है

नाम भी उसका याद नहीं रख पाते हम
गलियों गलियों जिसे पुकारा होता है

सारी बातें याद हमें आ जाती है
लेकिन जब वो उठने वाला होता है

मर जाता है तन्ज़[1] भरे इक जुमले[2] से
कोई-कोई तो इतना ज़िन्दा होता है

1 व्यंग्य 2 वाक्य

आँसू भी हम ख़र्च वहीं पर करते हैं
जहाँ कोई दिल रखने वाला होता है

बे-मत्लब की भीड़ लगाने वालों से
जाने वाला और अकेला होता है

घर में इसे महसूस करो या सहरा में
सन्नाटा तो बस सन्नाटा होता है

अच्छे चेहरे अच्छे चेहरे होते हैं
उन में भी इक अपना वाला होता है

नाम तुम्हारा भूल गए हम
देखो क्या-क्या भूल गए हम

मुड़ कर ऐसे देखा उसने
पीछा करना भूल गए हम

आह तख़य्युल[1] की वो उड़ानें
पैरों चलना भूल गए हम

1 कल्पना

किस मुश्किल से भीड़ जुटाई
और तमाशा भूल गए हम

यूँ गुज़रे हैं तेरी गली से
जैसे रस्ता भूल गए हम

ऐसे पड़े इक मौज[1] के पीछे
अपना दरिया भूल गए हम

1 लह्‌र

बात निकल आई इक ऐसी
बातें करना भूल गए हम

मुश्किल से तो घर पहचाना
घर में कमरा भूल गए हम

बराबर जिस्म को धमका रही है
हमारी मौत कह कर आ रही है

चलो थोड़ा बहुत तो सो लिए हम
मगर अब और सुस्ती छा रही है

मोहल्ले भर की ख़ामोशी का मत्लब
मिरी आवाज़ बाहर जा रही है

उदासी कर रही है अपना आ'दी
अभी शर्तें नहीं मनवा रही है

समझ लो हो चुका है काम आसाँ
अगर वो मुश्किलें गिनवा रही है

जिसे नादान समझा था वो लड़की
बड़ी मुश्किल से धोका खा रही है

हमीं इस जंग को हारे नहीं हैं
तुम्हारी सल्तनत भी जा रही है

फ़सुर्दा[1] कर गया अगले ज़मानों से गुज़रना
हवा की शक्ल में ख़ाली मकानों से गुज़रना
1 उदास

धुआँ, बोझल फ़ज़ा-ए-मयकदा[1] और फिर अचानक
किसी बे-साख़्ता[2] जुमले[3] का कानों से गुज़रना
1 शराबख़ाने का वातावरण 2 तुरंत कहा गया 3 वाक्य

किसी आसेब[1] को मिट्टी नहीं देता है कोई
हमें मर कर भी है अपने ही शानों से गुज़रना
1 भूत

ये जोखिम ही नए कुछ रंग भर सकता है शब में
मिरा इस वक़्त दुश्मन के ठिकानों से गुज़रना

किसी पत्थर की सूरत सख़्त-ओ-साकित[1] हूँ अभी मैं
अभी बाक़ी है मेरा ख़ाकदानों से गुज़रना
1 कठोर और गतिहीन

अभी ऊँचाई पे नज़रें हैं लेकिन वापसी में
गराँ[1] होगा बहुत ऐसी ढलानों से गुज़रना
1 भारी

दिल में कुछ हो तो मुस्कुराइएगा
बे-सबब काम मत बढ़ाइएगा

हमको मिल जाएँ आप जैसे हज़ार
इतनी दुनिया भी मत दिखाइएगा

ख़ुदकुशी से ही दीजिएगा जवाब
मौत की धौंस में न आइएगा

आइएगा गुनाह करने क़ुबूल
जब अ'दालत से छूट जाइएगा

इ'श्क़ इतना बड़ा गुनाह नहीं
छुप न पाए तो मत छुपाइएगा

बेवफ़ा यार एक ने'मत[1] है
वर्ना कब तक किसे निभाइएगा

1 उपहार

ये जो हर वक़्त है घड़ी पे नज़र
ऐसे रस्ता न देख पाइएगा

हमने इस बार तो मना लिया है
अब ये ख़तरा नहीं उठाइएगा

कटेगी कैसे हमारी वहाँ पे जाए बग़ैर
चले तो आए हैं 'शारिक़' उसे मनाए बग़ैर

अ'जब तरह के मिले रहगुज़ार-ए-इ'श्क़[1] में लोग
कोई गया ही नहीं रास्ता बताए बग़ैर

1 प्रेम-मार्ग

उदास हूँ कि मिरा खेल ख़त्म हो ही गया
तमाशबीन की कुछ भी समझ में आए बग़ैर

अब एक जिस्म है और बैन[1] करते कुछ अहबाब[2]
चले गए हैं कहाँ ख़ुद को हम बताए बग़ैर

1 विलाप 2 मित्र

तुम्हारे हिज्र[1] का एहसान हमपे सद-एहसान[2]
ये तज्रबा किसे होता है मौत आए बग़ैर

1 जुदाई 2 सौ उपकार

जाने किन बेवफ़ाओं का चर्चा किया
जानते भी न थे जिनको रुस्वा[1] किया

1 बदनाम

ख़ुद को सचमुच का आ'शिक़ समझने लगे
हमने आ'शिक़ का किर्दार इतना किया

सब मुझे बे-ज़बाँ जान कर उठ गए
मैंने जब तक किसी पर भरोसा किया

तुम मसीहा हो मेरे बताओ मुझे
तुमने क्यों एक क़ातिल को ज़िन्दा किया

बस वो मे'यार[1] क़ाइम नहीं रख सका
उसने पहला तमाशा तो अच्छा किया

1 मापदंड

फरेब-ए-आगही[1] में जान दे दी
इसी अंधी गली में जान दे दी

1 ज्ञान का भ्रम

बहुत शिक्वे ख़ुदा से हो गए थे
ख़ुदा की दुश्मनी में जान दे दी

बदन मेरा बहुत तक्लीफ़ में था
बदन की दोस्ती में जान दे दी

किसी की फूँक पर आँखों को खोला
दुआ' की रौशनी में जान दे दी

मोहब्बत में तो ज़िन्दा बच गए थे
न मरने की ख़ुशी में जान दे दी

बस्ती बुरी नहीं ये हमारे क़यास[1] में
अच्छी हैं लड़कियाँ भी यहाँ आस-पास में

1 अन्दाज़ा

वहशत[1] में कुछ ज़ियादा ही छलका दिया उसे
पूरा ढ़ला नहीं वो हमारे गिलास में

1 दीवानगी

हर वक़्त ज़िन्दगी का उड़ाते भी हैं मज़ाक़
और ढेर सी दवाएँ भी रखते हैं पास में

इस मौत की महक को छुपाएँ तो किस तरह
काफ़ूर की बसी है हमारे लिबास में

बे-ख़ौफ़ मिल कि अब कोई ख़तरा नहीं रहा
ठहराव आ गया है तिरे देवदास में

मुद्दत के बा'द सहरा[1] पे छाया था कोई अब्र[2]
घबरा गए जो थोड़ी कमी आई प्यास में

1 रेगिस्तान 2 बादल

फ़र्क़ तो पड़ना था यारी में
इतनी लम्बी बीमारी में

महफ़िल का क्या लुत्फ़ उठाएँ
थक जाते हैं तय्यारी में

ये भी ख़ुद में एक सज़ा है
इतनी देर गिरफ़्तारी में

हामी[1] थे तर्तीब[2] के लेकिन
भूल गए अपनी बारी में

1 पक्षधर 2 क्रम

इससे बड़ी मुश्किल क्या होगी
मेरा ख़ुदा है दुश्वारी में

यूँ भी कम रुस्वाई हुई है
अच्छे थे दुनियादारी में

जब साहिल का धोका साहिल हो जाता है
पार उतरना और भी मुश्किल हो जाता है

इक दिन इतनी भीड़ जुटा लेती है शोहरत
अपना क़ातिल उसमें शामिल हो जाता है

मौत के दिन से क्यों डरता था यूँ डरता था
जिसको देखो घर में दाख़िल हो जाता है

कोई भी अच्छी बात यहाँ बस कान में कहना
बीमारों को मरना मुश्किल हो जाता है

ये महरूमी[1] और तरह की महरूमी है
सब कुछ वक़्त से पहले हासिल हो जाता है

1 वंचित होना

सारी हक़ीक़त खुल जाती है दानाई[1] की
जिस दिन इक गुमराह मुक़ाबिल हो जाता है

1 बुद्धिमत्ता

हक़ीक़त खुल नहीं पाई अभी तक
पहेली है वो ख़ामोशी अभी तक

क़सम देना नहीं छोड़ा किसी ने
मिरी सिगरेट नहीं छूटी अभी तक

बहुत बूढ़ी है ख़ामोशी हमारी
मगर ऊँचा नहीं सुनती अभी तक

पता भी है ज़मीं की उ'म्र क्या है
बनी बैठी है जो बच्ची अभी तक

न जाने शेव चुभता है कि बिस्तर
नहीं सोया नया क़ैदी अभी तक

बड़े बीमार का छोटा सा शिक्वा
मिरी चादर नहीं बदली अभी तक

ये घर ख़ुद में जो इक दुनिया है पूरी
यही दुनिया नहीं देखी अभी तक

किसने सोचा था कि इस हद तक भी जा सकता हूँ मैं
मौत से भी इ'श्क़ का चक्कर चला सकता हूँ मैं

मुझसे अच्छा कोई आँसू पोंछने वाला नहीं
साथ रख ले वापसी में काम आ सकता हूँ मैं

वक़्त ने गूँगा किया तो है मगर इतना नहीं
घर अकेला हो तो अब भी गुनगुना सकता हूँ मैं

इ'श्क़ में तू जान देने की अगर ज़िद छोड़ दे
रोज़ तुझको ख़ुदकुशी करना सिखा सकता हूँ मैं

तुमसे बढ़ कर कौन दुनिया में मिरे नज़्दीक है
इक तुम्हीं तो हो कि जिसका दिल दुखा सकता हूँ मैं

भीड़ का शिक्वा हमेशा दूसरों से किस लिए
यार ख़ुद को भी तो रस्ते से हटा सकता हूँ मैं

जाने सूली पे हम चढ़ाए गए
या तमाशाई आज़्माए गए

ये भी तौहीन-ए-रंग-ओ-बू[1] ही तो है
फूल बाज़ार ले के आए गए
1 गंध और रंग का अपमान

बे-सबब[1] ज़ोर डाला आँखों पर
बे-ज़रूरत गले बिठाए गए
1 बिना कारण

तब जो दाख़िल हुआ वो हम तो न थे
घर में दोबारा जब बुलाए गए

मैं बताता हूँ अपने सारे गुनाह
तुमसे कब सबके सब गिनाए गए

भर गई रहगुज़ार[1] फूलों से
पेड़ जब ज़ोर से हिलाए गए
1 रास्ता

सारा घर एक लय में रोता है
लो तमाशे का वक़्त होता है

लोग रोते हैं पेट को अपने
जाने वाले को कौन रोता है

मिल ही जाएँगे चार छे कांधे
कौन अपना जनाज़ा[1] ढोता है
1 शव

क़ब्र में लेट कर हुआ एहसास
कितना मिट्टी का बोझ होता है

सब दरूद-ओ-सलाम[1]-ओ-हम्द[2] के बीच
इक शराबी भी मुझको रोता है
1 पैग़म्बर के लिए की जाने वाली दुआ'एँ 2 ख़ुदा की प्रशंसा

इक तरफ़ पैर दूर तक बस पैर
एक जो सब के पाँव धोता है

है अब वो भी दस्त-ए-ख़रीदार[1] में
ख़ुदा की दुकाँ भी है बाज़ार में
1 ग्राहक का हाथ

ज़मीं आज वो माँगने आई है
जो उसकी अमानत है बीमार में

ख़िज़ाँ[1] का भी ऐसा नहीं कोई ज़ोर
जो खो जाऊँ पत्तों के अंबार में
1 पतझड़

न शैतान को अब कोई ज़िद रही
न अब हौसला है गुनहगार में

फ़क़त[1] नातवानी[2] का है ऐ'तिराफ़[3]
ये नरमी जो आई है गुफ़्तार[4] में
1 फ़क़त 2 कमज़ोरी 3 स्वीकारोक्ति 4 बातचीत

उसी के इशारों को दी है ज़बाँ
वही है पस-ए-पर्दा[1] इन्कार में
1 पर्दे के पीछे

नहीं हिम्मत तो ऐसा कीजिएगा
शराफ़त से गुज़ारा कीजिएगा

वगर्ना हम कभी राज़ी न होंगे
हमें धोके से अच्छा कीजिएगा

वो ज़ह्नों का सफ़र जो रह गया था
उसे रस्ते में पूरा कीजिएगा

मिरे ही वास्ते ये दर्द कम है
कहाँ दुनिया से हिस्सा कीजिएगा

चुना है आपको सौ दुश्मनों में
जवाबी वार अच्छा कीजिएगा

बहुत मुश्किल हुनर है बेवफ़ाई
इसी में नाम पैदा कीजिएगा

जश्न तुझे ठुकरा कर होगा
रोना-धोना गा कर होगा

सच जो काम नहीं कर पाया
झूठी ख़बर उड़ा कर होगा

ओढ़ के सोने वाला अँधेरा
अपनी धूप कमा कर होगा

बैठ के सोचो हल मुश्किल का
क्या कमरा फैला कर होगा

क्यों जायज़ है क़त्ल हमारा
ये हमको समझा कर होगा

जिसकी ख़ाक से हम पैदा हैं
ग़ुस्ल[1] उसे दफ़्ना कर होगा

1 नहाना

मरने से घबरा तो रहा हूँ
लेकिन क्या घबरा कर होगा

कहता है कार-ए-इ'श्क़[1] में मर जाना चाहिए
इस ख़ुशगुमाँ को आप से मिलवाना चाहिए

1 प्रेम-कर्म

झपकाए जो न आँख रिर्हसल के वक़्त भी
ऐसे तमाशबीन से घबराना चाहिए

अपने सियाह[1] बाल दिखाऊँ कि सुर्ख़[2] गाल
इतना तो मौत को भी नज़र आना चाहिए

1 काले 2 लाल

वहशी[1] कोई मिले तो करूँ उससे मश्वरा
सहरा[2] में कितनी ज़ोर से चिल्लाना चाहिए

1 दीवाना 2 वीराना

ख़्वाहिश तो है मगर नहीं ताक़त गुनाह की
या'नी कि वक़्त आ गया पछताना चाहिए

क्यों दश्त[1] बार बार मुझे भेजते हैं आप
बाज़ार नाम का कोई वीराना चाहिए

1 वीराना

दर-ए-क़फ़स[1] तक जाने देना
इतनी दौड़ लगाने देना

1 पिंजरे का द्वार

पतली गर्दन बुरी लगेगी
गोली से मर जाने देना

पिछली बेंच का बच्चा है दिल
इसको हाथ उठाने देना

तुम खो जाना तुम रक़्स[1] में अपने
मेरा सर चकराने देना

1 नृत्य

प्यास बुझा कर वापस आना
सूरज को धमकाने देना

याद किसी की कौन सगी है
मरती हो मर जाने देना

कुछ तो अहबाब[1] ज़रा दिल के बड़े हैं मेरे
कुछ मनाने के तरीक़े भी नए हैं मेरे

1 दोस्त

सच तो ये है कि निशाने पे कोई था ही नहीं
यूँ भी कुछ तीर निशाने पे लगे हैं मेरे

कोई मन्ज़िल हो इन्हें ख़र्च नहीं करता मैं
ये क़दम लौट के आने के लिए हैं मेरे

ये जो आए हैं मदद को मिरी अन्जान हैं सब
साथ वाले तो कहीं दूर खड़े हैं मेरे

इ'श्क़ में जान न देने का है अफ़्सोस मगर
काम कुछ हैं जो शहादत से बड़े हैं मेरे

ख़ुद को इतना दुनियादार नहीं कर सकते
आधे दिल से पूरा प्यार नहीं कर सकते

रिश्ते तोड़े मल्लाहों से नाव जला दी
अब हम दोनों दरिया पार नहीं कर सकते

जितना शोर मचाते हैं ये झूठे आ'शिक़
उतना तो सच्चे बीमार नहीं कर सकते

वैसे तो मशहूर है अपनी हिम्मत लेकिन
आईने से आँखें चार नहीं कर सकते

ये भी इक तर्कीब है दुश्मन से लड़ने की
गले लगा लो जिस पर वार नहीं कर सकते

तेरी गली में कब आए थे याद नहीं है
वैसे हम इक दिन बेकार नहीं कर सकते

हमें पता है कि पर्चा बुरा नहीं आया
मगर तुम्हारा पढ़ाया हुआ नहीं आया

मैं शर्मसार कि फिर देर हो गई मुझको
वो सोचता है कि अच्छा हुआ नहीं आया

हमारी चीख़ ने इक भीड़ तो इकट्ठा की
मगर हमारा पुकारा हुआ नहीं आया

तिरी तरह नहीं आसान वापसी मेरी
मैं रास्तों को समझता हुआ नहीं आया

अ'जीब जंग थी दोनों हरीफ़[1] जीत गए
कोई महाज़[2] से हारा हुआ नहीं आया

1 प्रतिद्वंदी 2 मोर्चा

किसी के हाल पे हँसने गया था महफ़िल में
मगर मैं लौट के हँसता हुआ नहीं आया

बात रखने का मौक़ा' दिया जाएगा
भीड़ उठ जाएगी तब कहा जाएगा

नौजवानों से रिश्ते बनाऊँगा फिर
रात भर घर से बाहर रहा जाएगा

फिर से बैठूँगा तस्नीम की टाल पर
फिर पड़ोसी से झगड़ा किया जाएगा

वो जो इक यार है अपने बचपन का यार
उसके घर भी किसी दिन रुका जाएगा

एक दम कट गया हूँ मोहल्ले से मैं
फिर से शादी वलीमा[1] किया जाएगा
1 विवाह-भोज

इतनी जल्दी भी क्या है शिफ़ा[1] की तुम्हें
वक़्त आने पे अच्छा किया जाएगा
1 रोग-मुक्ति

सारी नज़रें किनारे प रह जाएँगी
एक सर झील में डूबता जाएगा

बात करते थे और पत्थर थे
लोग बाहर नहीं थे अन्दर थे

पीछे-पीछे जो चल रहे थे मिरे
वो तमाशाई थे कि बेघर थे

सारा घर सो रहा था आँगन में
कैसे तर्तीब-वार बिस्तर थे

रात छोटी बड़ी तो होती थी
ख़्वाब सब नींद के बराबर थे

ये तो लिखने को मुझसे छूट गया
बीच में जंग के भी मंज़र थे

बीच-बचाओ करने बाहर जाया जाए
दीवारों से कब तक झगड़ा देखा जाए

इक मैं हूँ बस आ'म सा क़ैदी क्या मेरी
इक वो है जो तेरे हाथों पकड़ा जाए

साथ सफ़र करने में कोई हर्ज नहीं है
लेकिन मंज़र अपना-अपना देखा जाए

चारागर[1] भी तू है मेरा क़ातिल भी तू
पहले तेरे किस चेहरे को रोया जाए
1 चिकित्सक

सबसे ज़ियादा इतराये जो इ'श्क़ पे अपने
उसको दुनियादार बना कर मारा जाए

सहरा[1] का वारिस होना तो ठीक है लेकिन
इस कमरे को किसके भरोसे छोड़ा जाए
1 वीराना

क़ुसूरवार न ठहराइए ख़ुदा के लिए
हमारा बोझ ज़ियादा था उस हवा के लिए

हुई वो इ'श्क़ में हालत कि मस्जिदों में तमाम
हमारा नाम पुकारा गया दुआ' के लिए

मलाल[1] दिल में अगर कोई है तो इतना है
कि मेरी उ'म्र ज़ियादा थी उस ख़ता के लिए

1 दुख

खुला कि हम ही नहीं हैं गुनाहगार तिरे
क़तार-बन्द हुए लोग जब सज़ा के लिए

1 पंक्ति-बद्ध

चले तो आए हो मरने को अस्पतालों में
ज़रा-सी धूल को तरसोगे नक़्श-ए-पा[1] के लिए

1 पद चिन्ह

ज़रा-सी बात थी तुझसे मुझे मिलाना था
ये काम इतना बड़ा हो गया ख़ुदा के लिए

ये पत्थर तो इक दिन पिघल जाएगा
हमारा ज़माना निकल जाएगा

मुझे ख़ुदकुशी पर न राज़ी करो
मिरा काम दुनिया से चल जाएगा

तिरा घर हमेशा यहाँ
निगाहों का पहरा बदल जाएगा

ज़माने का बिछड़ा हुआ यार भी
अगर अब रुकेगा तो खल जाएगा

यही ख़त तुझे फिर से भेजेंगे हम
मगर जब तिरा हुस्न ढल जाएगा

वही है दिलासा वही आस है
बदल जाएगा सब बदल जाएगा

हुश्यारी का मोल चुकाता रहता हूँ
नादानों से धोके खाता रहता हूँ

ले आता हूँ हर रिश्ते को झगड़े तक
फिर झगड़े से काम चलाता रहता हूँ

लश्कर में इक काम मिरे ज़िम्मे भी है
सबको घर की याद दिलाता रहता हूँ

देखो उसको कब फ़ुर्सत हो मिलने की
जिसके लिए मैं साल बचाता रहता हूँ

अच्छी-ख़ासी दुनिया देखी है मैंने
कमरे से दालान में आता रहता हूँ

सब यार मिरे ख़ूब कमाने में लगे थे
हम पिछली कमाई को लुटाने में लगे थे

वो छत भी गई सर से जो दुनिया थी हमारी
हम कौन सी दुनिया को बचाने में लगे थे

रोने को जिन्हें आज सजाई है ये महफ़िल
अच्छे वो किसी और ज़माने में लगे थे

किस सच का उन्हें सामना करने से था इन्कार
क्यों लोग मिरा झूठ छुपाने में लगे थे

मा'सूम थे इतने कि जुदा होने के दिन भी
फूलों से तिरे घर को सजाने में लगे थे

बैठे थे सभी दिल के दरीचों[1] को किए बन्द
और घर को हवादार बनाने में लगे थे
1 खिड़कियाँ

मैं किसको वहाँ क़ैद की रूदाद[1] सुनाता
सब अपने गिरफ़्तार गिनाने में लगे थे
1 कहानी

आपको ऐसे न खोना था हमें
थोड़ा दुनियादार होना था हमें

हाल पर हँसते थे जिनके आज तक
अब उन्हीं के साथ रोना था हमें

क़ब्र भी उसकी कहीं बाक़ी न थी
जिसकी बीमारी को ढोना था हमें

ख़ुदकुशी करने तो हम आए न थे
फिर यहाँ किसको डुबोना था हमें

ये कोई इतनी बड़ी ख़्वाहिश न थी
देर तक इक रोज़ सोना था हमें

बे-सबब उसको बहाना दे दिया
वक़्त से तय्यार होना था हमें

आप के नखरों को भी देना था वक़्त
और ज़माने का भी होना था हमें

तू गया तो रह गया वो दाग़ भी
वो जिसे मिल-जुल के धोना था हमें

आज इकट्ठा करके इ'श्क़ के मारों को
घेर लिया है हमने दुनियादारों को

साथ के सारे क़ैदी ऐसा कहते थे
हम ने भी घर मान लिया दीवारों को

अच्छे हो कर लौट गए सब घर लेकिन
मौत का चेहरा याद रहा बीमारों को

धार को परखा ज़ंग के धब्बे साफ़ किए
फिर बैठक में टाँग दिया तल्वारों को

जाओ अपने हिस्से के तुम ऐ'श करो
इ'श्क़ में हम भी भूल गए थे यारों को

मेरे अ'लावा कौन जगाने आता है
पिछले पहर के सोए हुए बाज़ारों को

सुब्ह का मत्लब सुब्ह का पहला सिगरेट था
वो भी अब लाहासिल[1] है बीमारों को

1 बेकार

इतना हम घबरा गए ख़ुद से
भागे तो टकरा गए ख़ुद से

मौत तो सादा ही रक्खी थी
रोने वाले आ गए ख़ुद से

अपना साथ तो और कठिन था
दो दिन से उक्ता गए ख़ुद से

तुम दुनिया से यारी रखना
हम तो काम चला गए ख़ुद से

अपने लिए हम ग़ैर ही रहते
आप हमें मिलवा गए ख़ुद से

अच्छी-अच्छी बातें दुनियादारी वाली
हमसे मत कर प्यारे बात हमारी वाली

दिल ऐसा वीरान कि जैसे कोई सहरा[1]
घर में हलचल शादी की तय्यारी वाली

1 रेगिस्तान

वह्म नहीं ये जिससे अपना ध्यान हटा लो
पक्की सच्ची मौत है ये बीमारी वाली

ख़्वाब में तुझको यूँ छूने से डरता हूँ मैं
ये ख़्वाहिश है तेरी हिस्सेदारी वाली

वस्ल[1] का दिन है आज तो छोड़ो अ'क़्ल चलाना
कल कर लेंगे बातें हम हुश्यारी वाली

1 मिलन

हरीफ़[1] मुझ सा अगर हो तो कुछ ख़सारा[2] नहीं
जो ख़ुद भी जीत गया और कोई हारा नहीं
1 प्रतिद्वंदी 2 हानि

लहू में डोलती फिरती है अब भँवर की तरह
वो एक लहर जिसे हमने पार उतारा नहीं

मगर ये बात बताऊँ तो किस तरह उसको
कि ख़ामुशी में तिरी अब मिरा गुज़ारा नहीं

जुनू[1] को अपने परखना था सो परख आए
अब और काम कोई दश्त[2] में हमारा नहीं
1 उन्माद 2 वीराना

अ'जीब नश्शा-ए-आवारगी है सर पे सवार
सुकूँ भी आज हमें देर तक गवारा नहीं

किसी से ख़फ़ा मैं हुआ ही नहीं
कभी मुझको ये हक़ मिला ही नहीं

रवाँ यूँही रहना है मेरा नसीब
बिखर जाऊँ इतनी हवा ही नहीं

कई बार गुज़रा बराबर से मैं
उसे मेरा धोका हुआ ही नहीं

जो दुनिया ने तय की है मेरे लिए
किए की मिरे वो सज़ा ही नहीं

रुके ही कहाँ साँस लेने को हम
जो उसने कहा वो सुना ही नहीं

ज़रा-सी बात पर घबराने वाले
अ'जब हमको मिले समझाने वाले

हमें तो रात भर को चाहिए लोग
कहाँ हैं बात को उलझाने वाले

ज़माने से नहीं आए वो तूफ़ाँ
हमें सहराओं[1] तक फैलाने वाले

1 रेगिस्तानों

यही तो अस्ल मुज्रिम हैं तुम्हारे
तुम्हें मुज्रिम नहीं ठहराने वाले

मगर ये बोल मीठे ही रहेंगे
बदल जाएँगे इनको गाने वाले

द कल ऐसा लगा तारों के बीच
ई आ'शिक़ जैसे ग़मख़्वारों[1] के बीच

मदर्दों

ब्रसे तन्हा लोग सहरा[1] में नहीं
मते फिरते हैं बाज़ारों के बीच

ीराना

क साया और भी आँगन में था
प में बैठे हुए यारों के बीच

त जिसके नाम से तुम डर गए
ज का क़िस्सा है बीमारों के बीच

ौन से दिल से इसे हम घर कहें
क छत है चार दीवारों के बीच

सी खुल कर साँस आती थी मुझे
ा गया बीमार बीमारों के बीच

मन्ज़र[1] पूरा करने वाला कोई नहीं
भीड़ है लेकिन मरने वाला कोई नहीं

1 दृश्य

ये लम्हे तेरी क़ुर्बत[1] के लम्हे हैं
इनमें आज गुज़रने वाला कोई नहीं

1 निकटता

इक तारीख़[1] रही है उस ख़ामोशी की
कान भी जिस पर धरने वाला कोई नहीं

1 इतिहास

अन्दर-अन्दर काँप रहे हैं दिल में सब
लेकिन पहले डरने वाला कोई नहीं

तुमसे जो मन्सूब[1] हैं 'शारिक़' आज तलक
वैसी आहें भरने वाला कोई नहीं

1 संबंधित

हवस में मुब्तला[1] हमको मिला था
ये दिल बिगड़ा हुआ हमको मिला था
1 गेज़्नत

पुराना आईना यूँ तोड़ डाला
वो चेहरों से भरा हमको मिला था

हमेशा से थी फीकी रौशनाई
क़लम टूटा हुआ हमको मिला था

तिरी आँखों से हमको याद आया
यहाँ कुछ काम का हमको मिला था

मिसाली[1] कह रहे हैं आप जिसको
ये ग़म मरता हुआ हमको मिला था
1 आदर्श

बना जो बाइ'स-ए-रुस्वाई[1] 'शारिक़'
वो ख़त लिक्खा हुआ हमको मिला था
1 बदनामी का कारण

ख़त्म ख़ुद
और तिरे

यूँ तो स
फिर भी इ

पहले दिल
फिर उसे f
1 निवासी

दुश्मनी थ
वार इक
1 फूल तोड़ने वाल

सोचते हैं
जो तिरे

कुछ ही पल
रक़्स[1] क्यों
1 नाच

कहाँ हम में झगड़ा हुआ था कोई
नदामत[1] में रूठा हुआ था कोई

1 लज्जा, पछतावा

तमाशा यहाँ आज होना ही था
तवज्जो[1] को तरसा हुआ था कोई

1 ध्यान देना

उसी जानलेवा भँवर में कहीं
किनारा भी डूबा हुआ था कोई

अभी तक हैं सैलाब[1] की ज़द में हम
बस इक पल को दरिया हुआ था कोई

1 बाढ़

बिखर ही गया वो भी सामान में
क़रीने से रक्खा हुआ था कोई

यार का किर्दार आईना निभा सकता नहीं
ये तमाशा देख सकता है दिखा सकता नहीं

इतनी बातें कर चुका हूँ इक ख़याली यार की
इ'श्क़ पहला है मगर पहला बता सकता नहीं

सब किताबों में रखे वो फूल अब बेकार हैं
मैं पुरानी धूप में जिनको खिला सकता नहीं

अब बहुत मुश्किल है पीछा छूटना मुझसे तिरा
बेवफ़ा होना भी तेरे काम आ सकता नहीं

सिस्कियों में साथ दे सकता है रोना हो जिसे
क़हक़हा उसके लिए जो मुस्कुरा सकता नहीं

तेरी जितनी पीने वाले तो बहुत होंगे मगर
तेरे जैसा कोई 'शारिक़' लड़खड़ा सकता नहीं

चुप हैं सब मौत के सवाल के बा'द
क्या कहे कोई इस मिसाल के बा'द

इक हमीं हैं क़दीम-ओ-ख़स्ता[1] यहाँ
सब नए हो गए ज़वाल[2] के बा'द

1 पुराना और जर्जर 2 पतन

दिल मिरा खेल में लगा ही नहीं
इक तमाशाई के सवाल के बा'द

पेट की आग बुझ चुकी सब की
लोग ख़ामोश हैं ख़िलाल[1] के बा'द

1 दाँत साफ़ करने का तिनका

अजनबी हो गया हूँ अपने लिए
आप अपने किए कमाल के बा'द

फिर कहीं ज़िक्र किया है उसका
जाने क्या नाम लिया है उसका

जाने वाले को पता था शायद
बेवफ़ाई में भला है उसका

देख ये वक़्त नहीं चूमने का
दिल इ'बादत में पड़ा है उसका

जितनी तासीर[1] बढ़ी है उसकी
ज़ाइक़ा तल्ख़[2] हुआ है उसका

1 प्रभाव 2 कड़वा

अब मिरे दिल में नहीं रहता वो
ये तो पहले का पता है उसका

कभी जो हम ज़रा बहुत सँभल गए
तो छाँव छाँव धूप में निकल गए

मिरे लिए भी तू ख़ुदा नहीं रहा
तिरे गुनाहगार भी बदल गए

न जाने कैसी शक्ल देते आज को
वो फ़ैसले जो होते-होते टल गए

मिलें हैं जो हमें ये काँच के बदन
कमाल है कि इतने रोज़ चल गए

ये ख़ौफ़ खाए जा रहा है अब मुझे
अगर कभी तमाशबीं[1] बदल गए

1 दर्शक

जुदाई कह लिए इसे कि और कुछ
हम एक-दूसरे के सर से टल गए

सवाल ही को ओढ़िए बिछाइए
जवाब माँगने के दिन निकल गए

मौत इधर जब भी आती है
अपना रोना रो जाती है

सब की मेरे हक़ में गवाही
मेरे ख़िलाफ़ चली जाती है

सब के साथ नहीं रोता मैं
ज़िम्मेदारी बढ़ जाती है

मरती हैं गूँगी आवाज़ें
अंधी आँख भी धुंधलाती है

धूप मिरे घर की वहशत[1] से
डर जाती है मर जाती है

1 दीवानगी

शक्ल बदली और अन्दर आ गया
दुख नए कपड़े बदल कर आ गया

उसने देखा और आँखे फेर लीं
बोझ सब मेरी नज़र पर आ गया

रास्ते भर ऊब में डूबे रहे
जब सफ़र में दिल लगा घर आ गया

इस समुन्दर के थे इतने तज़्किरे[1]
मैं न जाने क्या समझ कर आ गया

1 चर्चे

मैं तो अपने आप को हासिल नहीं
आप को कैसे मयस्सर[1] आ गया

1 प्राप्त होना

क़ब्र की आग़ोश में उतरी नहीं
जिस्म की मिट्टी अभी मिट्टी नहीं

जैसे अब भी पूछती हो वो नज़र
आपने जीने की ज़िद छोड़ी नहीं

ख़ुदकुशी अच्छी नहीं मेरे लिए
भीड़ दुनिया के लिए अच्छी नहीं

दौड़ कर बस तो पकड़ सकते हैं आप
घर पकड़ने की कोई गाड़ी नहीं

अचानक मिल गईं रूहें हमारी कल
बहुत बातें हुईं मरने से पहले की

किसी गोली से बढ़ कर जानलेवा है
ये मायूसी रसद आने से पहले की

नहीं जाती लड़कपन की वो हकलाहट
पहाड़ा याद हो जाने से पहले की

नहीं इससे हसीं कुछ भी नहीं शायद
जमीं आबाद हो जाने से पहले की

अगर ज़िन्दों को भी देखो तो लगता है
ये तस्वीरें हैं खो जाने से पहले की

ऐसा करते हैं सुब्ह टालते हैं
दिन किसी और दिन निकालते हैं

वैसे ख़ुद को भी थाम लें तो बहुत
पी के सारा जहाँ सँभालते हैं

हमको वापस करे हमारा गुलाब
भीड़ की सम्त[1] क्यों उछालते हैं

1 दिशा में

मिल ही जाती है कोई काम की शय
बैठ के ख़ुद को जब खँगालते हैं

वापसी का कोई इरादा नहीं
यूँ भी सब वापसी पे टालते हैं

इ'श्क़ को जितना भी समझा हमने
बेवफ़ाई में ही समझा हमने

आँख खुलने को करामत जाना
सुब्ह को वापसी समझा हमने

वस्ल[1] के बा'द किया वस्ल पे ग़ौर
हिज्र[2] को पेशगी समझा हमने

1 मिलन 2 जुदाई

वो जो पहले से पता था हमको
दूसरों से वही समझा हमने

हर पलक पहली थी झपकाई जो
साँस को आख़िरी समझा हमने

आज इन्कार किया जानने से
आज कुछ वाक़ई' समझा हमने

ख़ुदा से मश्वरे[1] के बा'द क्या हुआ
बताओ फ़ैस्ले के बा'द क्या हुआ
1 सलाह

किसी तरह अलाव तो सुलग गया
अलाव तापने के बा'द क्या हुआ

मज़ीद[1] सोचने पे टल गई थी बात
मज़ीद सोचने के बा'द क्या हुआ
1 और अधिक

पलट-पलट के तेरा मुझको देखना
नया तो था नए के बा'द क्या हुआ

पनाह ढूँढनी थी रात के लिए
पनाह ढूँढने के बा'द क्या हुआ

नहीं पाई झलक भी दिलरुबा की
अ'जब वीरान महफ़िल थी ख़ुदा की

गिने जाते नहीं दिन-रात हमसे
सहूलत[1] दो हमें लम्बी सज़ा की

1 सुविधा

वो घर पहले से अच्छा बन गया है
मगर दहशत नहीं जाती घटा की

अभी देखी है खिड़की खोल के नब्ज़
बला की तेज़ धड़कन है हवा की

तिरा होना ही काफ़ी है शिफ़ा[1] को
ज़रूरत अब नहीं हमको दवा की

1 रोग-मुक्ति

जाऊँ फिर उसको मनाने के लिए
कुछ नई क़स्में हैं खाने के लिए

कुछ लतीफ़े[1] से ज़ियादा चाहिए
बैठे-बैठे मुस्कुराने के लिए

1 चुटकुला

बस ज़रा-सी धूप मिल जाती हमें
अपने गीले पर सुखाने के लिए

ये जो अब रोते हैं घर की याद में
मर रहे थे साथ आने के लिए

एक साथी होश में रक्खा गया
वापसी में घर बताने के लिए

दुश्मनों को घर पे ले कर आ गए
अपनी तैयारी दिखाने के लिए

होश थोड़ा-सा बचा लेता हूँ मैं
वापसी में लड़खड़ाने के लिए

महवर[1] मुझे बना सकते हो
अपनी धूप बचा सकते हो

1 केंद्र, धुरी

ख़्वाब तवाना[1] है तो क्या है
जिस्म से धोका खा सकते हो

1 शक्तिशाली

गठरी रख दें पीठ टिका लें
इतनी जगह बना सकते हो

कोई बदल मिलने तक मेरा
मुझ से काम चला सकते हो

आज नहीं पाबन्दी कोई
मौत का घर है आ सकते हो

तुमसे झगड़ते डर लगता है
माज़ी[1] बीच में ला सकते हो

1 अतीत

शक्ल बदल कर आता हूँ मैं
तुम तब तक सुस्ता सकते हो

रोना हो आसान हमारा
इतना कर नुक़्सान हमारा

बात नहीं करनी तो मत कर
चेहरा तो पहचान हमारा

ख़ुश-फ़ह्मी[1] हो जाएगी हमको
मत रख इतना ध्यान हमारा

1 कुछ अच्छा होना का भ्रम

पहली चोट में जान गए हम
इ'श्क़ नहीं मैदान हमारा

मौत ने आ कर बाँध लिया था
पहले ही सामान हमारा

जीत गया तेरा भोलापन
हार गया शैतान हमारा

इतना तन्हाई से घबराने लगे हैं
बे-ज़रूरत काम उलझाने लगे हैं

जो भँवर गहराई में पड़ते थे पहले
अब किनारे पर नज़र आने लगे हैं

कोई तो मन्ज़िल का रस्ता है इधर से
रास्ते घर की तरफ़ जाने लगे हैं

यूँ भी लाज़िम है नया कोई तमाशा
लोग बाज़ीगर से उक्ताने लगे हैं

जो तिरे कूचे को जाते थे वो रस्ते
दूसरी दुनिया में ले जाने लगे हैं

हो गया है मौत का एहसास शायद
जल्दी जल्दी काम निम्टाने लगे हैं

तभी तो भीड़ बे-शुमार है यहाँ
बुरी ख़बर का इन्तिज़ार है यहाँ

जहान सारा अस्पताल क्यों नहीं
कि अजनबी भी ग़म-गुसार[1] है यहाँ
1 सहनुभूति करने वाला

न फ़स्ल मुख़्तलिफ़[1] है खेत-खेत की
न मेढ़ पर कटीला तार है यहाँ
1 अलग

ये आईना ये टूटा-फूटा आईना
यही तो एक अपना यार है यहाँ

क़तार इस लिए भी टूटती नहीं
ख़ुदा ही इक दुकानदार है यहाँ

हज़ार बार इम्तिहाँ में बैठिए
वही सवाल बार-बार है यहाँ

काम निमटा के हम तो सो गए हैं
देखने भर को ख़्वाब हो गए हैं

जिनको मन्ज़िल से कोई शग़ल[1] नहीं
ऐसे कुछ लोग साथ हो गए हैं

1 काम

पहले वो खोए जो थे मर्कज़-ए-दीद[1]
और अब साथ वाले खो गए हैं

1 दर्शन का केंद्र

इ'श्क़ में ऐसे कुछ सबक़ भी मिले
जो हमेशा को याद हो गए हैं

लहलहाएगा फिर हमारा वजूद[1]
तेरी मिट्टी में ख़ुद को बो गए हैं

1 अस्तित्व

यूँ कि बस तेरे आस-पास था मैं
लोग मेरे भी पाँव धो गए हैं

समझ लो ख़ूब ये फ़त्वा अभी जारी नहीं है
जुदा होना जुदा होने की तय्यारी नहीं है

बुरी है इस लिए भी शहर की सेहत हमारे
किसी को इ'श्क़ जैसी कोई बीमारी नहीं है

कहा था बे-सबब देखोगे अपनों के जनाज़े[1]
जिए जाने की ज़िद करना समझदारी नहीं है

1 शवें

यहाँ हम चल दिए हैं बात कहने जान देने
वहाँ पर मुस्कुराने की भी तय्यारी नहीं

वही नश्शा किया है इ'श्क़ का नश्शा दोबारा
मगर इस बार उतना मेरा सर भारी नहीं है

अचानक हो गईं नुक्ते[1] की बातें
हमारे दर्मियाँ पैसे की बातें

1 गहरा ज्ञान

अचानक गुफ़्तुगू[1] ने रंग बदला
निकल आई बहुत पहले की बातें

1 बात चीत

जहाँ हर वक़्त कोई मर रहा हो
वहाँ करते नहीं मरने की बातें

बहाने से सुनाया हाल अपना
हुई तुझ से तिरे जैसे की बातें

न घर जाने की अब जल्दी है कोई
न घर को छोड़ कर जाने की बातें

जो साहिल पर हैं उनका दुख भी समझो
हमेशा डूबने वाले की बातें

अस्ल सूरत छुपाने वाले बुरे
हर घड़ी मुस्कुराने वाले बुरे

इक अ'जब कशमकश[1] में पड़ गया हूँ
मैं कि सारे ज़माने वाले बुरे

1 खींचा-तानी, संघर्ष

तीर तेरा लगे किसी को तो वाह
तुझ पे गोली चलाने वाले बुरे

सब का नश्शा उतार देते हैं
ज़ोर का दम लगाने वाले बुरे

कुछ हमारा भी ध्यान और कहीं
कुछ कहानी सुनाने वाले बुरे

एक इक नाम क्या गिनाऊँ मैं
सब तिरे साथ जाने वाले बुरे

हुस्न की ज़ात[1] एक होती है
तू तिरे सब घराने वाले बुरे

1 जाति, परिवार

सामने अपने खड़े हो जाएँगे
हम कभी इतने बड़े हो जाएँगे

दूर सारे मस्अले[1] हो जाएँगे
फिर से हम अच्छे भले हो जाएँगे

1 समस्याएँ

जब बदल जाएँगे महफ़िल के शरीक
आपके जादू नए हो जाएँगे

शुक्र है अपने सफ़र छोटे नहीं
बेश-तर[1] सोते हुए हो जाएँगे

1 अधिकतर

ग़म कि जो रोने से बच जाएँगे आज
दूसरे दिन के लिए हो जाएँगे

रोज़गर्रा से निकल कर हम तिरे
बस ज़रूरी काम के हो जाएँगे

सुब्ह करेंगे हुश्यारी से
रोएँगे सब बारी बारी से

और भी उसको पा सकते थे
थोड़ी और अदाकारी से

फिर इक गुल ने किया इशारा
अभी उठे थे बीमारी से

हँसता हूँ बे बात भी लेकिन
रोता हूँ ज़िम्मेदारी से

कर सकते हो कोई हिमाक़त[1]
लेकिन पूरी तय्यारी से

1 मूर्खता

दोनों को मिल गए बहाने
अपनी अपनी लाचारी से

मौत की रौशनी में सँवारा उसे
हमने दुल्हन बनाया दोबारा उसे

जाने किन पानियों पर रहा उसका साथ
जाने किन साहिलों पर उतारा उसे

उससे बिछड़ा तो बिछड़ा हूँ पूरी तरह
छोड़ आया हूँ सारे का सारा उसे

तब से उम्मीद बाँधे हुए हैं ये दिल
जब किया भी नहीं था इशारा उसे

कोई कहता था साहिल तो कोई भँवर
सबने अपनी तरह से पुकारा उसे

जितना हम रो रहे थे बिछड़ते हुए
रन्ज[1] उतना नहीं था हमारा उसे

1 दुख

लोग जो आगे से आगे बोलते हैं
हम उन्हीं लोगों के मुंह से बोलते हैं

देखना इक रोज़ पकड़े जाएँगे हम
किस क़दर कंगन तुम्हारे बोलते हैं

लाख सच्चा और नया हो इ'श्क़ अपना
झूठ हम पहले ही वाले बोलते हैं

जिस तरह वो बोलता ही जा रहा है
यूँ तो चुप होने से पहले बोलते हैं

वाक़ई' में यार हों जैसे हमारे
यार तो कुछ लोग ऐसे बोलते हैं

बे सबब हम बात करते डर रहे थे
आप तो बच्चों के जैसे बोलते हैं

देखिए कब तक रहे ये जोश हममें
देखिए कब तक अकेले बोलते हैं

कुछ यूँ भी मिरा घर से निकलना नहीं होता
जाने से मिरे कोई अकेला नहीं होता

इन्सान की इतनी तो समझ हो ही गई है
दोबारा किसी से मिरा झगड़ा नहीं होता

इक रात की तक्लीफ़ ने समझा दिया मुझको
ख़िदमत से बड़ा कोई दिखावा नहीं होता

ख़ुश है वो तवज्जो[1] से उसे ये नहीं मा'लूम
सुनते हैं वही हम जो समझना नहीं होता

1 ध्यान देना

जो पूछ रहे हैं मैं उन्हें कैसे बताऊँ
तय्यार का मत्लब कहीं जाना नहीं होता

पड़ता रहता है अक्सर ये दौरा मुझ पर
मैं दुनिया पर थूक रहा हूँ दुनिया मुझ पर

दो पल बैठ न पाया अपनों की महफ़िल में
हर रिश्ते ने इतना क़र्ज़ निकाला मुझ पर

थोड़ी देर को मैं भी अच्छा लग सकता था
पहना लेकिन नहीं जचा ये चेहरा मुझ पर

खेल है सारा प्यार भरी नज़रों का तेरी
कोई भी कुर्ता लग सकता है अच्छा मुझ पर

मैं ने उससे कहीं ज़ियादा लौटाया है
इस दुनिया ने जितना ख़र्च किया था मुझ पर

उसके तो खिड़की दरवाज़े बन्द थे सारे
तेज़ हवा ने सारा ज़ोर निकाला मुझ पर

सफ़र हालाँकि तेरे साथ अच्छा चल रहा है
बराबर से मगर इक और रस्ता चल रहा है

ज़बानी खेल बन कर रह गया है इ'श्क़ अपना
जहाँ वा'दे के बदले सिर्फ़ वा'दा चल रहा है

कहाँ तक बज़्म में बैठा रहूँ नज़रें झुकाए
जिधर देखो उधर कोई इशारा चल रहा है

हमें ये बीच झगड़े[1] में अचानक याद आया
कि इसके साथ तो झगड़ा हमारा चल रहा है

1 सुलह

कभी बिस्तर से उट्ठे भी तो ये चीख़ें सुनी हैं
खिलौना चल गया देखो खिलौना चल रहा है

हर इक महफ़िल में होता था नया अन्दाज़ अपना
मगर अब मुद्दतों से एक चेहरा चल रहा है

सदर-ए-आ'ली-मक़ाम[1] होने से
रह गए अपने काम होने से
1 सभा का सम्मानित अध्यक्ष

एक पहचान थी सो वो भी गई
बेवफ़ाई के आ'म होने से

आ गई चाल में अकड़ मेरी
जेब में पूरे दाम होने से

नुक़्ताचीनों[1] के लब सिले ही रहे
आपका इन्तिज़ाम होने से
1 आसोचकों

वक़्त से पहले हो गए बूढ़े
इस क़दर एहतिराम[1] होने से
1 आदर, सम्मान

अपनी खिदमत लगी मुझे बेहतर
दूसरों का गुलाम होने से

रो तो लेता था पहले क़िस्मत को
काम बिगड़ा है काम होने से

यक़ीं[1] ख़ुद पे इतना बड़ी बात है
अकेले तमाशा बड़ी बात है

1 भरोसा

हज़ारों से रिश्ता निभाते हुए
किसी का न होना बड़ी बात है

हमें यूँ भी तुम याद रह जाओगे
बराबर का धोका बड़ी बात है

शिकारी से बचने में कैसा कमाल
निशाने पे रहना बड़ी बात है

तिरे बेमुरव्वत लबों से कोई
बहाना भी सुनना बड़ी बात है

बड़ा काम धारस बंधाना नहीं
बराबर से रोना बड़ी बात है

ठिकाने लगाऊँ कहाँ ख़ाक को
हवा का ये कहना बड़ी बात है

हम ऐसा नहीं घर नहीं आएँगे
मगर घर समझ कर नहीं आएँगे

झगड़ने से पहले पता था मुझे
मिरे लोग बाहर नहीं आएँगे

इन्हें भी गले से लगाता चलूँ
ये दुश्मन मयस्सर[1] नहीं आएँगे

1 प्राप्त होना

ये शादी वलीमे[1] चलेंगे मगर
किराये के बिस्तर नहीं आएँगे

1 शादी का खाना

भुला देगी दुनिया हमें एक दिन
कहीं से भी पत्थर नहीं आएँगे

ये लड़के जो आए हैं छत कूद कर
बुलाने से अन्दर नहीं आएँगे

बुरा मानिए तो बुरा मानिए
इजाज़त तो ले कर नहीं आएँगे

बच गया

सच्चे इ'श्क़ की लाश पे रोना धोना भी कम होता है
किसमें हिम्मत होती है जो
ज़िन्दा याद को हाथ लगाए
उससे खेले
मेरा दुख सच्चा था सो मैं आसानी से भूल गया
तुझको भी तेरी बातें भी
ख़ैर हो गई दुख सच्चा था
वर्ना कोई अधकचरा दुख
मुझको पागल कर सकता था

मजबूरी

मैं वो तीसरा हूँ
जो ख़ुद को गुनहगार महसूस करने को मजबूर होता है
हर वाक़िए[1] में
हर इक हादसे की जगह पर
अ'जब इम्तिहाँ है
अगर चुप रहूँ तो कबूतर को खा जाए बिल्ली
उड़ा दूँ
तो बिल्ली मुझे कोसती है
कि मैंने उसे आज फाक़ा[2] कराया
मेरी हार दोनों तरफ़ से है
और वो भी उस जंग में
जिससे मेरा कोई दूर का भी तअ'ल्लुक़ नहीं है
बज़ाहिर

1 घटना 2 भूखा रहना

अच्छी आ'दतों का बोझ

मन्ज़िलों पर बोझ हो जाती हैं सब
रस्ते की अच्छी आ'दतें
जिनमें शामिल हैं
मेरी नफ़रत सुकूँ से
एक इक पल का हिसाब
हर घड़ी मोहतात[1] आँखें
वो नज़र
जो देख लेती है बस इक लम्हे में
कोई चीज़ छूटी तो नहीं सामान में
और बहुत थोड़ी सी नींद
अब बताओ
इतनी अच्छी आ'दतों के साथ
कोई मंन्ज़िलों पर क्या करे
मन्ज़िलों का क्या करे

1 सतर्क

भीड़ नहीं ये आँखें हैं

भीड़ नहीं ये आँखें हैं
और इन आँखों में
किसी के चश्मे का नम्बर बढ़ जाता है तो
मैं धुंधला हो जाता हूँ
मजबूरी है मेरी
रिश्ते रखना कुछ अच्छी आँखों से
गर्म हाथों से
सच तो ये है
मेरा होना ही तब साबित होता है जब
कोई मुझ को देखे
मुझ को हाथ लगाए
भीड़ नहीं ये वो आँखें हैं
जिनसे हूँ में

मर के वो ज़िन्दों में शामिल हो गया

मर के वो ज़िन्दों में शामिल हो गया
मुद्दतों से सारा घर बेचैन था
रात दिन की वो अज़िय्यत[1]
शाम होती थी तो डर जाते थे हम
ऐसी चीखें जो दिलों को भेद दें
हर घड़ी पेशाब ओर नापाक[2] जिस्म
गीला बिस्तर
रात के पिछले पहर में
कपड़े पहनाना इक ऐसे जिस्म को
जो बैठ भी सकता न हो
और उस पर जुर्म का एहसास
उस रिश्ते से
जो हम सब का था उस जिस्म से
आज जब ख़ाली है वो कोना तो सचमुच लग रहा है
मर के वो ज़िन्दों में शामिल हो गया
और उसकी मौत से
हम सब भी शायद

1 दुख 2 अपवित्र

सलीक़ा शर्त है बस

सलीक़ा शर्त है बस
अगर इतना हुनर भी सीख लें हम
कि इक ख़रगोश को कैसे उठाया जाए कानों से पकड़ कर
कि इक बिल्ली के बच्चे को अगर हम छेड़ना चाहें
तो गर्दन पर वहाँ चुटकी भरें
जहाँ से माँ उसे मुँह में दबा कर घर बदलती है
तो फिर सबको यहाँ तफ़रीह[1] के सामाँ मुहय्या[2] हैं
तो फिर छोटा बड़ा कोई
शिकायत कर नहीं सकता
खिलौनों की

1 मनोरंजन 2 प्राप्त

दरवाज़े पर बिस्तर

हाँ यही घर है जहाँ
मेरे कमरे और दरवाज़े के बीच
दस्तकें ही दस्तकें थीं
और मेरा हुक्म
ये कह दो कि मैं घर पर नहीं
आज दरवाज़े पे बिस्तर है मेरा
शोर से अन्दर के बचने के लिए
दूर की आहट पे सारा ध्यान है
इक रज़ाई भर बचा है जब वजूद[1]
खोलना कुंडी बहुत आसान है
आज दरवाज़े पे बिस्तर है मिरा
वक़्त ने कम कर दिया है फ़ासला
दस्तक का मेरे कान से

1 अस्तित्व

किसी ताँगे में फिर सामान रक्खा जा रहा है

किसी की आँसुओं से तर-ब-तर दाढ़ी के
कुछ टूटे हुए बाल
आज भी मुम्किन हैं मिल जाएँ
बड़े संदूक में रक्खे
मिरे बदरंग से इक स्वेटर पर
उसी दिन का कोई हमशक्ल दिन है
किसी ताँगे में फिर सामान रक्खा जा रहा है
वही दहलीज़ है
लेकिन मिरे दाढ़ी नहीं है
मिरा लड़का गले से लग के मेरे
थपक पर पीठ मेरी
बुज़ुर्गों की तरह मुझको तसल्ली दे रहा है
और मैं इक बच्चे की सूरत रो रहा हूँ
हिचकियों से

अब नहीं लौटना

मैं बहुत दूर था
जब पुकारा गया हाज़िरी के लिए
डॉक्टर
एक ठंडा बदन
तेज़ बिजली के झटके
अब मगर मुझमें उस जिस्म को
गर्म करने की कोई भी ख़्वाहिश न थी
ज़िन्दगी कट गई
ढूँढ़ते-ढूँढ़ते वो रजिस्टर
कि जिसमें मिरा नाम मौजूद हो
और मिरी हाज़री लग सके
पर किसी ने पुकारा नहीं मेरा नाम
नहीं लौटना
अब मुझे इस ज़मीं पर नहीं लौटना
हाज़री के बगैर
इस ज़मीं से मिरा लौटना ही ये साबित करेगा
कि मैं इक फ़रिश्ता था
और इस जहाँ में ग़लत आ गया था

अस्ल ख़तरा

नहीं ये मुम्किन नहीं
ये सब कार-ए-रायगाँ[1] है
कहाँ से लाएँगे हम भला इतनी घंटियाँ
जितनी बिल्लियाँ हैं
मैं एक बूढ़ा उदास चूहा
बस इतना कह कर
तमाम करता हूँ बात अपनी
वो सिर्फ़ बिल्ली नहीं जिसे हम को देखना है
वो ऐसा ख़तरा नहीं है शायद
कि उसकी हर चाल से तो हम फिर भी आश्ना[2] हैं
मगर वो चूहा
गले में घंटी जो डाल कर आइने के आगे खड़ा हुआ है
जो एक तमग़े की शक्ल में इसको देखता है
वो अस्ल खतरा है
जिसका रखना है ध्यान हमको
तमाम
खूँ-ख़्वार बिल्लियों की है रूह उसमें

1 व्यर्थ कार्य 2 परिचित

मुझे हँसना पड़ा आख़िर

मुझे हँसना पड़ा आख़िर
उन्हीं बातों पे
जिन पर मैं बहुत नाराज़ था उससे
ये इक तर्फ़ा मोहब्बत यूँ भी इतना दर्द देती है
कि इसमें बीच का रस्ता कभी मुम्किन नहीं होता
वही झुकता है जिसको दूसरा दरकार होता है
किसी क़ीमत पे
चाहे जो भी हो जाए

तमाशाई न मिल पाए

तवज्जो[1]
वो यहाँ किस को मिली है
ख़ुदा ने क्या कसर छोड़ी थी कोई?
तवज्जो खींचने की
मगर क्या हाथ आया
तमाशागाह तक लाए गए थे मुफ़्त में हम
टिकट भी वापसी का जेब में उसने हमारी रख दिया था
कि हम बेफ़िक्र हो कर खेल का उसके मज़ा लें
फ़क़त[2] ता'रीफ़ करने के ए'वज़[3]
ताली बजाने के ए'वज़, जन्नत
बड़ा इन्आ'म था
तमाशे रौशनियों के भी सब दिलचस्प थे
मगर फिर भी हमें ऐसा नहीं लगता
तमाशा ध्यान से देखा किसी ने
वो जिस इक वाह की ख़ातिर
ये सारा इन्तिज़ाम उसने किया था
दिलों से वो कभी निकली किसी के?
अगर ये सब ख़ुदा के साथ हो सकता है
तो हम क्या
हमारे छोटे मोटे खेल क्या
बाज़ीगरी क्या

1 ध्याना देना 2 केवल, 3 बदले में

सबब बनता नहीं शिक्वे[1] का कोई
बिला-मत्लब तमाशा देखने वालों अपने हम ख़फ़ा हैं
ख़ुदा को जब यहाँ अच्छे तमाशाई न मिल पाए
तो हम क्या हैं

1 शिकायत

समझ से परे

किसी की इक झलक भर देखने के वास्ते
रोज़ाना
सत्तर मील का लम्बा सफ़र करना
मोहब्बत की ये शायद इन्तिहा थी
मगर जाता था उस बस से
ज़ियादा लड़कियाँ होती थीं जिसमें

वाक़ई' झूठ था क्या

बात सुन कर मिरी वो हँसा
तो मुझे भी लगा बात हँसने की है
ख़ैर अच्छा हुआ
वर्ना मैं ज़िन्दगी भर किसी झूठ को जीता रहता
मगर कौन सा झूठ
वो रोना तड़पना मिरा वाक़ई' झूठ था क्या
तो फिर किस नतीजे पे पहुँचा हूँ मैं
सिर्फ़ इतना ही शायद
कि मैं आज ये जानता हूँ
किसी को समझने परखने का कोई वज़ीफ़ा[1] नहीं
बस वही बात जो
लब तलक आ न पाए लतीफ़ा[2] नहीं

1 मंत्र 2 चुटकुला

ज़ब्त का ख़र्च

ज़ब्त[1] को सोच कर ख़र्च करता हूँ मैं
हर किसी पर नहीं
हर जगह पर नहीं
इस लिए मेरी आँखें कभी ख़ुश्क होती नहीं
ऐसा लगता है हर बात पर
जैसे रोने को तैयार बैठा हूँ मैं
दोस्तों से हुई बद-ज़बानी पे भी
दुख भरी दूसरों की कहानी पे भी
यूँ
कि मैं ज़ब्त को ख़र्च करना नहीं चाहता
छोटी मोटी किसी बात पर
हाँ मगर
बड़े वाक़िए'[2] जब हुए
यहाँ तक कि जब मेरे घर से जनाज़े उठे
तब किसी ने मिरी आँख में एक आँसू भी देखा नहीं
कोई ये सोचता है अगर
कि उसने मुझे अपने ग़म में रुला कर
बड़ा मा'रका[3] कोई सर कर लिया है
तो पागल है वो

1 सहन-शक्ति 2 घटनाएँ 3 युद्ध

बहरूपिया

अनोखा और नया ग़म शर्त है कोई
तुम्हारे ख़ुदकुशी करने की
तो फिर भूल जाओ
यहाँ तो बस वही ग़म हैं
पुराने ग़म
कि जिनसे काम ये दुनिया चलाती आ रही है
मगर तुम हो कि हँस देते हो उन पर
अगर ये ग़म तुम्हें ग़म ही नहीं लगते
कि महबूबा तुम्हारी बेवफ़ा है
कि वो बच्चा
छठी जिसकी मनाना थी तुम्हें आज
नाक में है ऑक्सीजन ट्यूब उसके
तो फिर ये गोलियाँ सल्फ़ास की
बेकार में तुम जेब में रक्खे हुए हो
इन्हें जा कर उसी कुठिया में रख जाओ
कि जिसमें कल ही तुमने
साल भर के वास्ते गेहूँ भरा है

मगर उठ कर करूँ क्या

सवेरे
मुँह अँधेरे छोड़ना बिस्तर
नहीं मुश्किल कुछ ऐसा
मगर उठ कर करूँ क्या
कोई है ही नहीं ऐसा जिसे आ'दत हो मेरी
और मिरे घर पर न होने से
पहाड़ हो जाए दिन जिसका
यही तो दुख है मेरा
मिरे मस्रूफ़[1] होने से कोई ख़ाली नहीं होता

1 व्यस्त

क्या जवाब दूँ

मुस्कुराहट का पड़ाव
इतनी ऊँचाई पे होगा ये नहीं मा'लूम था
क़हक़हों से तेरे याराना रहा था इस लिए
हम कहीं समझे हुए बैठे थे दिल में
मुस्कुराना भी तिरा आसान होगा
हम ग़लत थे
और अब ये सोच कर घबरा रहें हैं
लौट कर यारों को मुँह दिखलाएँगे क्या

घर के आगे भीड़ नहीं होने का मत्लब

घर के आगे भीड़ नहीं होने का मत्लब
ठीक है सब कुछ
वर्ना
दरवाज़ों के अन्दर
सब घर एक से होते हैं
और वैसे भी
इतने सच्चे रिश्तों में
थोड़ी खट-पट तो चलती है

किसी के समझदार होने तक

क़ब्र क्या ढूँढ़ना
मिट गए होंगे उसके निशाँ
कहीं भी जला कर लगा दूँ अगरबत्तियाँ
मुद्दतों बा'द भी
विर्द[1] करते हुए सूरा-ए-फ़ातिहा[2] का वही गूँज कानों में है
तिरा बाप क्या रोज़ पीता है
उफ़
वो जो शर्मिन्दगी का सबब हो भला उससे कैसी मोहब्बत
और वैसे भी
एक बच्चे की नफ़रत से सच्चा कोई और जज़्बा नहीं
दफ़्न के वक़्त भी तो मैं दिल में कहीं उनसे नाराज़ था
मगर आज ख़ुद जब मैं उस उ'म्र में हूँ
जो पापा की शायद रही होगी तब
जब मैं रूठा था उनसे
मिरे दिल में एहसास जुर्म और शर्मिन्दगी के सिवा कुछ नहीं
आप सुन तो रहे हैं न पापा
मुआ'फ़ी मुझे चाहिए
क्या ये मुम्किन है
फिर ख़ुद से कहता हूँ शायद नहीं
वो गए
कोई रुकता नहीं है किसी के समझदार होने तलक
सच की तह में उतरने के लाइक़[3] गुनहगार होने तलक

1 किसी बात को बार-बार कहना 2 क़ुरान की सर्वप्रथम सूरत 3 योग्य

अगर हम वापसी भी साथ करते

अगर हम वापसी भी साथ करते
तो मुम्किन था हमारा रास्ता
उस ख़्वाब पर हँसने में कटता
जो हम दोनों ने देखा था
घरों से भागते वक़्त
फ़रिश्तों के लिए लिक्खा हुआ किर्दार
अपना मानते वक़्त
रबर की गन से दुनिया पर निशाना ताकते वक़्त

देर लगा दी

मौत अमर कर सकती थी उस रिश्ते को
लेकिन हमने देर लगा दी
वक़्त की ताक़त को हमने कम करके आँका
यादों से ख़ाली हो जाना
अश्क़ों का पानी हो जाना
मौत नहीं क्या?

कोई और रद्द-ए-अ'मल[1]

मुआ'फ़ी
बड़ा दिल
ये औसाफ़[2] यूँ भी गुनहगार और तज्रबा-कार लोगों के हैं
और करम है ख़ुदा का
कि वो ऐसे लोगों में शामिल नहीं
जुदा है तो क्या
उ'म्र भर हम कभी अब नहीं भी मिलेंगे तो क्या
ये तसल्ली ही मुझको बहुत है
कि वो
एक छोटी-सी लग़्ज़िश[3] पे भी मुझसे
इस दर्जा नाराज़ है
कोई और रद्द-ए-अ'मल
उसको मश्कूक[4] कर देता मेरी नज़र में

1 प्रतिक्रिया 2 गुण 3 भूल 4 संदिग्ध

मौत की इम्दाद[1]

कितने अच्छे हैं मेरे कॉलोनी वाले
घर में मेरे मौत न होती तो मैं तो अन्जान ही रहता
उन चेहरों से
उन लोगों से
फ़ज्र[2] तलक जो साथ रहे मेरे उस शब में
दफ़्नाने के बा'द के उस पहले लुक़्मे[3] तक
कितने घरों के चाय के बर्तन
पड़े रहे तीजे के दिन तक मेरे घर में
मुझे नहीं मा'लूम कफ़न किसके ज़िम्मे था
कौन सा बच्चा बेरी की टहनी लाया था
सब अपने थे
सब मेरे थे
सब अच्छे थे
अंधा था में आज तलक़ पहचान न पाया
इन अपनों को

1 मदद 2 सवेरा, सुब्ह की नमाज़ 3 निवाला

दुश्मनी का लुत्फ़

किसी झगड़े से बस इतने ज़रा से फ़ास्ले पर
अगर अब भी हमारी दोस्ती क़ायम है
तो आओ
मुबारकबाद दें इक दूसरे को
मगर इक बात समझा दूँ मैं तुमको
अगर हम में कभी झगड़ा हुआ भी
तो मैं उस दुश्मनी का लुत्फ़ तो लेने नहीं दूँगा तुम्हें हर्गिज़
वो जिसकी चाह हर झगड़े की ज़िम्मेदार होती है
मेरी नज़रों में झगड़े का तसव्वुर[1] कुछ अलग है
वो है बस दोस्ती का ख़त्म हो जाना
मैं रिश्ते को कभी भी दुश्मनी की शक्ल में
जारी नहीं रखता

1 धारणा, कल्पना

खिलौना मौत भी है

मिरे जिस्म के पैतरों से परेशाँ थी वो
मैंने समझाना चाहा उसे
ख़ुदा जानता है
कि रत्ती बराबर मुझे और जीने की ख़्वाहिश नहीं
सच तो ये है
ऐसे मेहमान से मुँह छुपाना
कि जो सिर्फ़ मेरे लिए आस्मानों से आया हो
शर्मिन्दा करता है मुझको
भला एक इन्साँ के बस मैं कहाँ मौत को छेड़ना
मैं तो डरता हूँ तुमसे
ये कोई और है जो मेरे सर्द पैरों को फिर गर्म करके
तुम्हें छेड़ता है
मिरे घर के चक्कर लगाने पे मजबूर करता है
मगर वो सिसकती रही
अपने पैरों के छालों को रोती रही
और मैं हैरत-ज़दा सोचने पर ये मजबूर था
क्या मेरी मौत भी
मेरे मरने के दिन
मेरी साँसों की गिनती के बारे में उतनी ही अन्जान है
जितना मैं

आज़ादी

गला बैठ जाने के डर से कभी
एक अंगूर चक्खा नहीं
ब्रांड सिगरेट का बदला नहीं
सीख़ पर जल गए मेरे हिस्से के सारे कबाब
फिर भी सब से बड़ा ख़ौफ़ सच हो गया
ख़ैर जो भी हुआ
अब मैं आज़ाद हूँ
आज फ्रूटी पियूँगा
गले की सिकाई के बा'द
आज फ्रूटी पिऊँगा
अब ये वह्म
एहतियातें[1] ये डर
उनके सर
जिनकी बीमारियाँ
छप के काग़ज़ पे आई नहीं हैं अभी

1 सावधानियाँ

अस्ल सदमा

चने मेरे सोयम[1] के
सुब्ह
सिवा मेरे ससुराल वालों के किसने पढ़े
जानता हूँ
शाम की फ़ातिहा में भी गिनती सरों की अगर कम रही
तो इसके सबब का मुझे ख़ूब अन्दाज़ा है
देग आधी बची रह गई क़ोरमे की
कोई ग़म नहीं
मगर मेरी बीवी ने जिस बेदिली से
दुआ' की मिरी मग़्फ़िरत[2] के लिए
अस्ल सदमा तो वो है

1 मरने के तीन दिन बा'द सुब्ह नमाज़ में पढ़े जाने वाले कलमें 2 छमा करना

सर्कस में नौकरी का आख़िरी दिन

ले चबा ये सर
जो अब जबड़ों में है तेरे
अगर तू वाक़ई में शेर है तो
शेर बन कर आज दिखला दे
मुझे जोकर समझता था
अरे मैं तो फ़क़त इस पेट की ख़ातिर
हँसानें के लिए सबको
तिरे जबड़े में सर देने से पहले भाग जाता था
मुझे इस खेल की तन्ख़्वाह मिलती थी
यही किर्दार सर्कस में मिरे हिस्से में आया था
मगर मैं आज तुझको देख लूँगा
दिखा दूँगा ज़माने को कि बुज़दिल मैं नहीं
बुज़दिल तो तू है
ले चबा
अब जोकरों-सा
मुँह को फ़ाड़े क्यों खड़ा है

आख़री हतक[1]

नमाज़ ख़त्म हो गई
किसी ने ज़ोर से कहा
चेहरा देख लीजिए
कोई क़दम नहीं बढ़ा
कफ़न का बंद खोल कर
फिर से कस दिया गया
कोई क़दम नहीं बढ़ा
ख़ुदा ही जाने सच था या मुझे लगा
कि इस हतक पे
उसका ज़र्द[2] चेहरा
थोड़ा और ज़र्द पड़ गया

1 अपमान 2 पीला

एक कैन्सर के मरीज़ की बड़बड़

गले पर लगा कर निशाँ
जिस घड़ी डॉक्टर ने ये मुझसे कहा
और तो सारे परहेज़ ख़त्म आप के आज से
शेव मत कीजिएगा
जब तलक ये गले की सिंकाई चले
शेव मत कीजिएगा
तो सारी मशिय्यत[1] ख़ुदा की समझ में मिरी आ गई
अरे
मुझको दाढ़ी से इन्कार कब था
जो ये रुख़ निकाला गया
मैं तो ख़ुद शेव के नाम से
यूँ बिदकता रहा आज तक जैसे पानी से बिल्ली
हाँ मिरी सास को कुछ ज़रूर ए'तिराज़[2] थे
जिनकी इ'ज़्ज़त की ख़ातिर मैं दाढ़ी नहीं रख सका
मगर उनको भी मैं
अगर वक़्त मिलता तो समझा ही लेता
ख़ैर अब तो जो होना था हो ही गया
यूँ भी किसको भला कोई मौक़ा' मिला है
ख़ुदा के हुज़ूर
बात रखने का अपनी
तो ये बात है
या'नी मैं शक्ल से
पक्का सच्चा मुसलमाँ न लगने के शक में गया

1 ईश्वर की इच्छा 2 आपत्ति

मश्क़

तो वो सब मश्क़[1] थी
बे-पर्दगी की
जो मुझे पिछले कई इक साल से
उन अस्पतालों में कराई जा रही थी
जहाँ पर क़ैद था मैं
कभी मुझको मेरे ही फेफड़ों की
एक्स-रे में क़ैद तस्वीरें दिखा कर
कभी पेशाब की थैली लगाकर
कि मैं पूरी तरह बेशर्म हो जाऊँ
उस इक लम्हे के आने तक
जब इक अनजान हाथ
ग़ुस्ल[2] के तख़्ते पे बिल्कुल बेझिझक
उ'ज़्व-ए-तनासुल[3] में मेरे पेशाब की बूँदें
टटोले
और मुझे
जैसे जहाँ जी चाहे छू ले

1 अभ्यास 2 नहाना 3 लिंग

ज़ाइद[1] ज़िन्दगी

कहानी और होती कुछ हमारी
अगर हम वक़्त से सोने की आ'दत डाल लेते
मगर हम तो
न जाने क्या समझते थे सहर[2] तक जागने को
जो हमने जाग कर काटी हैं नींद आते हुए भी
वो ज़ाइद ज़िन्दगी है
वो ज़ाइद ज़िन्दगी है जिसने सारे मस्अले[3] पैदा किए है
जिसे जीने में
ख़्वाबों के ये उलझड़े हुए हैं

1 अतिरिक्त 2 सुब्ह 3 समस्याएँ

क़ब्रिस्तान के नल पर

बिला सबब बड़बड़ा रहे हो
जो फँस गए हो
तो कम-से-कम अब सवाब[1] ही ढंग से कमा लो
कहा था मैंने
कि नल चलाने में कोई साझा नहीं करेगा
मगर किसी की सुनी है तुमने
अरे वो हालात और थे
जिसमें हर कोई
हर क़दम पे काँधा बदल रहा था
पर अब तो तद्फ़ीन[2] हो चुकी
भीड़ मुत्मइन[3] है
कि आज भर का सवाब उसने कमा लिया है
तो कौन आगे बढ़ेगा बोलो
सो कौन कितना बुरा है ये बात भूल कर
सिर्फ़ नल चलाओ
चलाए जाओ
कि जब तलक भीड़ में हर इक ख़ास-ओ-आ'म के
पाँव धुल न जाएँ

1 पुण्य 2 दफ़्न करना 3 संतुष्ट

जिस्म के साथ आख़िरी लम्हे

चलो छुट्टी मिली आख़िर
सुबुकदोश[1] हो गई मैं पहरेदारी से
इक ऐसे जिस्म की
जो इतना नाज़ुक था
कि उसकी उँगलियाँ फल काटने वाला
कोई चाकू भी घायल करता रहता था
हवा कम हो तो जिसकी नाक से ख़ूँ बहने लगता था
वो जिसके पैर थोड़ी सी थकन से सूज जाते थे
ये मेरे आख़िरी लम्हे हैं अपने जिस्म के साथ
बस इक तख़्ता
और उसके बा'द मैं आज़ाद हूँ सैर-ए-फ़लक[2] को
सुकूँ दिल में लिए इस बात का
कि मेरे जिस्म को अपनी ही मौत आई
वो हारा भी तो सिर्फ़ और सिर्फ़ अपनी उ'म्र से
और रूह यूँ भी
उ'म्र को गिनती नहीं है
दुश्मनों में जिस्म के

1 सेवानिवृत 2 आकाश की सैर

वलीमा[1] ख़त्म होने के बा'द

ख़ुदा जाने
बुलावे ठीक से बाँटे नहीं लड़के ने
या मुझसे
पुरानी दुश्मनी कोई निकाली है गली वालों ने
मेरे
न आकर
जो खाना बच गया इतना
ब-हर-सूरत मुझे क्या फ़र्क़ पड़ता है
वो जिसको साँस का आज़ार[2] हो
उसको भला ज़र्दे से बिरयानी से क्या मत्लब
कहीं बाँटो इसे मेरी बला से
मगर जो लकड़ियाँ तंदूर की बाक़ी बची हैं
ये कहीं पर ध्यान से रख दो
इसी जाड़े में मुम्किन है तुम्हें इनकी ज़रूरत हो
न जाने क्यों
हमेशा से मुझे लगता है मेरी मौत के दिन
रात को कोहरा बहुत होगा

1 विवाह भोज 2 रोग

साँस लेने का सुख

हम कभी रास्ते में नहीं
इसका मत्लब मगर ये नहीं है
कि हम क़ाफ़िले में नहीं
हम को मा'लूम रहता है कल शाम से
कौन से ऊँट बीमार है और क्यों
बस हमें सम्त से कोई मत्लब नहीं
मन्ज़िलें-वन्ज़िलें हम नहीं जानते
सिर्फ़ होने का सुख
साँस लेने का सुख ही बहुत है हमें

BOOKS

रेख़्ता बुक्स के प्रकाशन

देवनागरी

1 क़श्क़ा खींचा दैर में बैठा	फ़रहत एहसास
2 अब मैं अक्सर मैं नहीं रहता	अनवर शुऊ'र
3 मौसम इतना सर्द नहीं था	जुल्फ़िक़ार आ'दिल
4 खिड़की तो मैं ने खोल ही ली	शारिक़ कैफ़ी
5 ग़ज़ल उसने छेड़ी (खंड 1,2,3,4,5,6)	संकलनः फ़रहत एहसास
6 सुब्ह-बख़ैर ज़िन्दगी	अमीर इमाम
7 अकेलेपन की इन्तिहा	जमाल एहसानी
8 सभी रंग तुम्हारे निकले	सालिम सलीम
9 तिरी सदा का इन्तिज़ार	ख़लीलुर्रहमान आ'ज़मी
10 इक शाम तुम्हारे हिस्से की	काशिफ़ ग़ाइर
11 रौशनी जारी करो	मनीष शुक्ला
12 लिफ़ाफ़े में रौशनी	मोहम्मद अ'ल्वी
13 मन्ज़र-ए-शब-ताब	इ'रफ़ान सिद्दीक़ी
14 मिट्टी की सुंदरता देखो	सर्वत हुसैन
15 आख़िरी इ'श्क़ सबसे पहले किया	नो'मान शौक़
16 शाम के बा'द कुछ नहीं	शाहीन अ'ब्बास
17 गुलशन	मुज़्तर ख़ैराबादी
18 मोहब्बत जब नहीं होगी	आफ़्ताब हुसैन
19 किताब गुमराह कर रही है	शहराम सरमदी

20 जिस्म का बर्तन सर्द पड़ा है	अमीर हमज़ा साक़िब
21 ग़ज़ल का शोर	ज़फ़र इक़बाल
22 क़ाफ़िला-ए-नौ-बहार	संकलन: विकास शर्मा राज़
23 मौजूद की निस्बत से	महेन्द्र कुमार सानी
24 दुख नए कपड़े बदल कर	शारिक़ कैफ़ी
25 इन्तिख़ाब-ए-ज़ौक़	संकलन: फ़रहत एहसास

उर्दू

1 आख़िरी पहर की दस्तक	शमीम हन्फ़ी
2 औराक़-ए-ख़िज़ानी	अहमद मुश्ताक़
3 वाहिमा वजूद का	सालिम सलीम
4 गुलशन	मुज़्तर ख़ैराबादी

संपर्क

रेख़्ता फ़ाउन्डेशन
बी-37, सेक्टर – 1
नोएडा, यू.पी. – 201301